P 536. *porté*
3. A

porté

5508

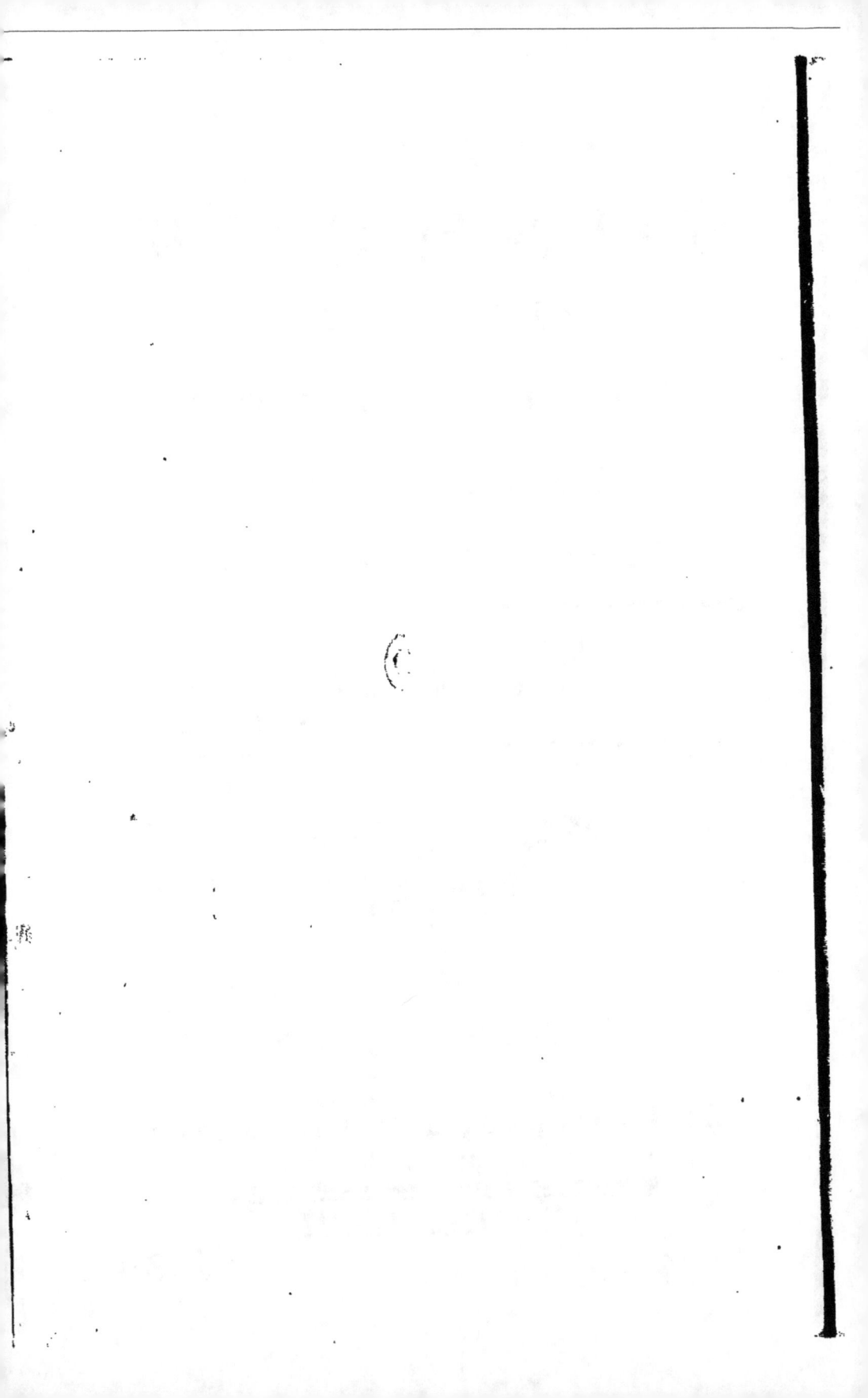

LE BONHEUR

DES GENS

DE LETTRES.

DISCOURS

PAR M. MERCIER.

Rex est qui metuit nihil,
Rex est quique cupit nihil ;
Hoc regnum sibi quisque dat.
Senec. Thyest. Act. V.

A Londres , & se trouve

A PARIS,

Chez CAILLEAU, rue du Foin S. Jacques,
à Saint André.

M. DCC. LXVI.

AVERTISSEMENT.

ON a les Traités de Pierrius Valerianus, & de Cornelius Tollius : De infelicitate Litteratorum. Je ne fçais fi ces deux Ecrivains s'étoient rendus malheureux dans leur Profeffion, mais leurs Ouvrages nefont rien moins que concluans. Parmi plus de quinze cent faits, à peine s'en trouve-t-il trois ou quatre qui offrent quelque chofe digne de remarque. Il n'eft point de revers particuliers attachés aux Gens de Lettres, & s'ils font pourfuivis par la haine, l'envie ou la tyrannie, c'eft un malheur commun à toute efpéce de Talent. Tous les hommes font expofés aux mêmes infortunes, & pourquoi les Sçavans croiroient ils devoir être exempts des calamités qui affligent leurs femblables. Je vois beaucoup d'avantages liés à la Profeffion des Lettres; je les fens encore mieux. N'eft ce rien que de fuivre fon goût, & de fe livrer tout entier au charme qui nous flatte? J'ai donc peint ce que j'éprouvois, & je crois que plusieurs Ecrivains sentent comme moi. Mon but a été aussi de rendre hommage aux Gens de Lettres, & d'éclairer certains hommes sur leur injustice envers des hommes qui se sacrifient pour leur être utiles. La mode est venue de calomnier les Arts & les Gens de Lettres, & l'on se dispense ainsi de l'admiration & de la reconnoissance, deux fardeaux bien pesans pour le cœur ingrat de l'homme, & l'on se croit en droit avec ce faux mépris de rejetter leurs leçons. Je ne parle point pour ces ames insensibles & farouches, ou pour celles qui n'ont qu'un chagrin superbe, je parle pour ceux qui sçavent apprécier les vertus & les talens. On ne confondra peut-être pas parmi les Gens de Lettres qui méritent ce nom, ceux qui l'usurpent. On distinguera facilement ceux qui honorent leur siécle d'avec ceux qui se déshonorent eux-mêmes.

LE BONHEUR

DES GENS

DE LETTRES.

QUEL spectacle pour l'œil d'un Philosophe que le détail curieux de la variété des esprits, de la prodigieuse différence des talens, des états & des combinaisons infinies qui naissent de ces rapports mutuels! Ici le souffle du Génie donne à l'homme une vie & une force nouvelles, là, ses facultés sont engourdies dans la nuit de l'ignorance & de la superstition. Tour à tour le Philosophe admire & sourit de pitié. Il considére cet amas de caractères opposés; la folie & la sagesse qui s'unissent dans une même nation, qui subsistent sans se faire un obstacle insurmontable,

A iij

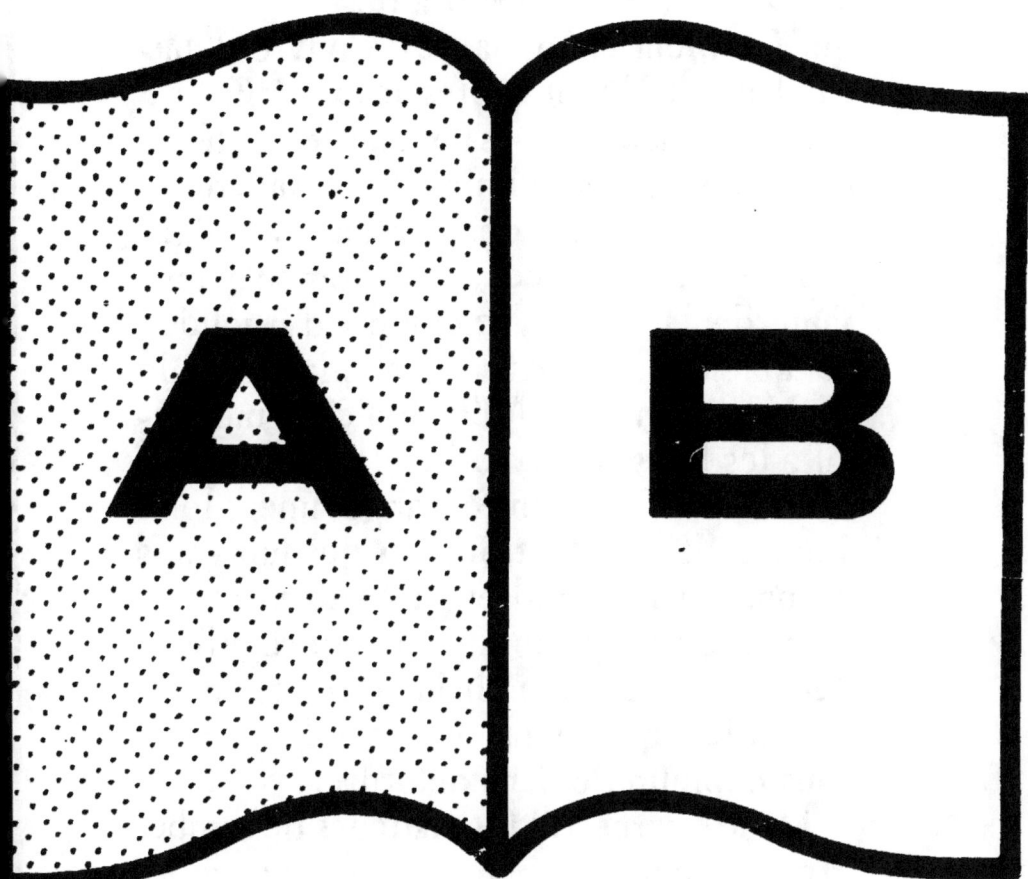

Contraste insuffisant

NF Z 43-120-14

qui femblent enfin naître & vivre l'une
par l'autre. Il voit toutes les largeffes de
la Nature accumulées fur une feule tête,
tandis qu'une foule immenfe ne raffemble
pas un feul de fes dons précieux. L'aigle
fuperbe des Sciences , la colombe gémif-
fante de la Poëfie , le compas d'Euclide ,
le Téléfcope de l'Aftronome , la Bouffole
du Navigateur , le Métaphyficien méditatif , les Rois qui favorifent les Artiftes &
reçoivent d'eux en échange une gloire
immortelle & le troupeau qui fuit leurs
leçons ou leurs ordres , tout dans ce fyf-
tême inégal , qui forme un tout régulier ,
lui paroît né d'une chaîne forte & indef-
tructible , qui réunit ces emplois divers
fans confufion & fans défordre.

Mais fi es regards font fatigués de tomber
trop fréquemment fur des hommes telle-
ment opprimés qu'ils ne fentent plus leurs
chaînes , ou fur d'autres infenfibles à ce
qui fait les délices des ames tendres &
fublimes , il s'arrêtera avec complaifance
fur ce petit nombre de Sages répandus
fur la terre , qui vivent libres par la pen-
fée , dont la fenfibilité éclate en traits de
flamme , qui parlent hautement pour l'intérêt des hommes , & qui malgré les dif-
cordes des États , entretiennent une cor-

respondance utile au monde. A sa vûe élevée, les Rois, les combats, les Tyrans vont disparoître, il ne verra plus que les Oracles de l'Univers qui donnent asyle à la Vérité & à la Vertu fugitive. Leurs travaux seront à ses yeux les travaux les plus honorables, leur gloire la plus pure ; elle leur appartiendra toute entiere, car ils l'auront créée, & elle vivra dans les siécles les plus reculés.

Telle est la gloire des Gens de Lettres ; s'ils vivent dans la retraite, s'ils vivent séparés, ils n'en forment pas moins un Corps, tôt ou tard rédoutable à ses Tyrans, qui tel que le feu répandu dans les différentes parties de la terre, sert à éclairer ceux mêmes qui se refusoient à la lumiere, & qui doué d'une activité & d'une force invincibles, brave le despotisme qui voudroit l'anéantir ou l'étouffer.

C'est dans ce siécle philosophique où le mérite fait l'homme, où l'on distingue les talens de la puissance, où le respect extérieur s'accorde aux Dignités, & le respect véritable au Génie, que ma raison libre vient leur rendre hommage. Puisse ma reconnoissance leur rendre un tribut digne d'eux. Si j'étois Roi, j'écouterois leurs leçons, je n'ai que ma voix, elle

leur eſt conſacrée. Leurs opinions diver-
ſes, leurs ſyſtêmes oppoſés, leurs combats, le dirai-je, leur foibleſſe s'évanouiſ-
ſent à mes yeux. Je ne vois plus que leurs
bienfaits qui ſont imprimés ſur la face des
Empires, & qui ſubſiſteront après eux. Je
vais les peindre, ces hommes, noblement
ambitieux, qui ont aggrandi la ſphere de
notre entendement, & qui voulant ſur-
prendre les premiers ſecrets de la Nature,
ont du moins touché le voile redoutable
qui les couvre, en attendant que des mains
plus heureuſes le déchirent. Si la penſée
eſt utile à l'homme, nous leur devons tout;
ils ont éteints les torches du Fanatiſme,
ils ont poli les mœurs des Nations, ils
ont applani les chemins qui menent aux
grandes découvertes, ils ne jugent point
la terre, mais ils l'éclairent en ſilence.
Sans doute ils ont reçu de la Nature cette
ame étendue & active qui s'éveille à toutes les ſenſations & ſaiſit avidement leurs
rapports, mais qui les ſoutient dans leurs
travaux ſans ceſſe renaiſſans ? Quel bien
les dédommage des fureurs de l'Envie qui
les pourſuit juſqu'au fond du tombeau
que ſa rage détruit encore ? Quel charme
leur fait ſupporter le poids de l'adverſité,
leur fait mépriſer les dons de la Fortune ?

Qui les rend infenfibles à l'irgratitude de
leurs fiécles , aux cris éternels des lâches
Zoïles qui les outragent ? Comment re-
noncent-ils à la faveur des rangs , à cette
douce pareffe dont la pente eft fi facile ,
à ces plaifirs qui les follicitent d'autant
plus qu'ils les fuient ? Qui les attache au
filence , à la folitude , à la méditation ?
La Gloire , dira-t-on. O Gloire ! je fens ce
que tu vaux , mobile des grandes ames ,
tu récompenfes lorfque le genre humain
ne peut plus payer ; on te defire, on te pourfuit , on fait tout pour toi ; mais qui peut
fe flatter de goûter tes faveurs ? Toujours
conteftée , rarement pure , jamais univer-
felle , fugitive & trompeufe , tes adorateurs
comprennent eux-mêmes qu'il n'appartient
qu'à la mort d'y mettre le fceau ; & qu'il
faut dormir dans la tombe , pour être comp-
té parmi les grands hommes. Il eft donc
un attrait plus préfent , plus cher , plus
fenfible qui anime l'homme de Lettres :
fans doute lorfqu'il peint le grand, le beau,
le fublime , le gracieux , il éprouve les
tranfports d'une douce émotion ; il faifit ,
il embraffe fon magnifique fujet , il s'iden-
tifie avec ce qu'il traite ; & voilà , felon
moi , fa plus heureufe récompenfe, la feule qu'il doive attendre , ou plutôt , voilà

le charme impérieux qui fait fuir les heures, qui éleve sa pensée, la colore, l'échauffe d'un feu divin & le console de tout, quelquefois même de son obscurité.

Malheur à celui qui ne trouveroit pas dans ses occupations la source de ses plus chères délices, il ne seroit rien de grand rien d'élevé. Il ressembleroit à l'Artisan qui se fatigue depuis l'aurore jusqu'au coucher du Soleil, n'ayant en perspective qu'un gain servile. Les travaux d'un homme de Lettres ont un motif plus noble ; son génie le subjugue, il ne lui est pas permis de chérir avec modération, il sera entraîné par les idées mâles & sublimes que son cœur enfante. Il s'enflammera pour l'ordre, la justice, la vertu, & s'indignera aussi puissamment contre le vice, la tyrannie & le méchant.

Je tracerai donc la sorte de félicité qui accompagne l'homme de Lettres, digne de ce nom. Hommes tyranniques, vils, envieux, frivoles comtempteurs, frémissés ! Il est un bonheur que vous ne lui pouvez arracher. Il existe pour lui indépendamment de vos caprices, de vos traits amers, de vos basses calomnies; il lui appartient comme à vous, l'affreux sentiment de la haine. Il boit le nectar des Muses, & vous vous

nourriſſez de ſerpens L'homme de Lettres
vit libre dans une noble indépendance ;
l'homme de Lettres goûte des plaiſirs délicats inconnus au vulgaire. Ah ! s'il ſe
trouvoit quelqu'Ecrivain qui regardât ce
bonheur comme un beau rêve, je le plain-
drois ; il me prouveroit combien il eſt malheureux dans l'exercice de ſes talens & le
choix de ſes études.

PREMIERE PARTIE.

'HOMME eſt jetté dans l'Univers
avec un eſprit, des ſens & des paſſions. Il me ſemble que j'entends l'Auteur
de la Nature qui lui crie : Je t'ai doué de
ce qui t'étoit néceſſaire pour la meſure de
ton bonheur. Ouvre les yeux, examine &
choiſis ton ſort. La foule des hommes en
s'éveillant, ne voit que ce qui frappe leur
inſtinct groſſier ; ils exiſtent ſans être émus.
Satisfaire quelques beſoins, comparer avec
peine deux objets, voilà où ſe réduiſent
leur deſir & leur curioſité : mais l'homme
de génie ouvre à peine les yeux, qu'il reçoit à la fois une idée & un ſentiment.
Tous les êtres s'empreſſent autour de lui
& lui diſent : Nous t'attendions, c'eſt pour
toi que nous exiſtons : que tardes tu à nous

interroger ? nous allons tous te répondre.
Il fixe alors cette vaste étendue du Ciel,
cette immense Nature, qui, fiere dans toutes ses productions n'a point fait d'escla-
ves, elle n'a point bâti de murs, elle n'a
point forgé de chaînes ; cet oiseau qui sur
une aîle hardie, franchit l'espace, cet ani-
mal des bois qui erre sans guide au gré de
son instinct, l'ouragan qui passe, tout parle éloquemment à son cœur, & il apperçoit au milieu de l'Univers la liberté, &
il s'écrie : c'est à toi que j'adresse mes
vœux, ame des nobles travaux, mere des
vertus & des talens; toi qui formes les ames
vigoureuses, les esprits élevés & lumineux ; toi qui ne faisant point d'opprimé,
ne fais point d'oppresseur ; toi dont la
main sacrée grave dans le cœur de l'homme le caractère primitif de la Justice ; c'est
à toi que je voue mes jours, conduis mes
pas & ma langue ; je le sens, tu éleveras
ma pensée, tu la rendras digne de l'Univers. Je ne dépendrai point du regard des
hommes, je ne porterai point les fers
qu'ils se forgent, & si ma mâle indépendance, offense le vice, qui veut être des-
pote, elle plaira à la vertu qui fait l'homme, en ne s'assujettissant qu'aux Loix.
Aussitôt il se sent un homme nouveau, sa

vue plane, il ne se laisse pas surcharger de ces Loix inutiles que la sottise ajoute aux Loix nécessaires à la société ; il ne se prépare pas des remords en se créant des devoirs arbitraires (a). Il épure sa raison pour se préserver de l'erreur ; éclairé sur la valeur réelle des objets, il sçait les apprécier ; au-dessus des illusions du monde, on ne le verra point se passionner pour de petits objets, vendre son tems & son existence, épouser de misérables querelles, se plonger dans le cahos d'affaires épineuses qui se succédent comme les flots d'une mer agitée, son ame égale & tranquille cherche a vérité, loin du bruit & du tumulte, & rejette les funestes préjugés qui tourmentent ceux qui se prosternent devant eux.

Mais s'il use de cette sage liberté qui donne tant de ressort à l'ame, & sans laquelle on ne produit rien de grand, il méconnoît cette indépendance superbe qui se met au-dessus des Loix, & veut briser les liens qui unissent les hommes ; la licence qui égare l'esprit est l'idole des scélérats, elle est l'opposé de la liberté ; peut-elle avoir des atttraits pour un cœur rai-

_____

(a) On entend par loix inutiles, ces loix d'usage & de convention reçues dans le monde, & qui sont aussi fatiguantes qu'elles sont ridicules.

fonnable ? La vraie liberté confifte à ne
dépendre que de fes devoirs, à jouir des
droits d'homme & de citoyen, & à rejetter
avec courage les Loix capricieufes de ces
efprits minutieux & defpotiques, qui fe-
roient à un citoyen l'outrage de penfer que
les Loix de l'honneur ne fuffifent pas (a).

Ne nous étonnons pas fi le génie eft fingu-
liérement ami de la liberté; il a en horreur le
defpotifme, il redoute fes caprices & fes ab-
furdités; il lui faut des objets qui puiffent
nourrir & fortifier fa propre élévation; voilà
pourquoi il a fleuri fous le Ciel pur de la Gre-
ce, & qu'il a fui ces Etats où un feul homme
eft tout, & où par conféquent tout le refte
eft vil(b). La main qui touche la Lyre, & celle
qui trace les devoirs de l'homme, doivent
être libres, pour répondre dignement à la
nobleffe de leur emploi. Le Génie n'a jamais
été & ne peut être le partage d'un efclave;
ces coups de pinceau majeftueux, ces
nuances de grandeur & de juftice qui doi-

(a) Par ce mot, liberté, on ne veut exprimer que
le droit légitime de conduire fa vie privée felon fes
goûts, en n'offenfant ni les Loix politiques, ni celles
de l'Etat.

(b) Ceci regarde les Orientaux, Peuples foumis à
la volonté arbitraire d'un feul homme, & qui d'a-
près l'expérience n'ont jamais excellé dans les Arts
qui font l'honneur de l'humanité.

vent animer les tableaux de l'Ecrivain philosophique, où les puiseroit-il ? Les vertus & les talens ne germent point dans des
ames basses & rampantes, & quiconque a
pû tendre les mains aux fers de la servitude,
a dégradé son être & s'est avili d'avance
aux yeux de la postérité (a).

Je l'entends, cette voix forte & puissante,
qui, comme un tonnerre qui roule dans la
nue réveille les esprits les plus engourdis ;
non ce n'est plus un homme, c'est un Dieu
tutelaire qui s'est chargé des intérêts de la
patrie, & qui défend la cause honorable
de l'humanité ; d'une main il foudroye le
vice, de l'autre il dresse des Autels à la
vertu, déploye toute l'indignation d'une
ame sensible contre d'injustes Tyrans, il rejette le cri insensé de l'opinion pour faire
parler la voix immortelle de la raison. Que
tous les hommes se rangent du parti de
l'erreur, que le despotisme emploie son bras
d'airain (b) pour la faire triompher, il le dé-
fiera de réduire en servitude sa pensée. Il
cédera plutôt aux clameurs de l'envie, il

_____

[a] On veut dire que quiconque a rampé pour l'intérêt de sa fortune n'a rien à prétendre à la gloire.

[b] Quand des esprits aveugles s'obstinent à con-
damner un homme vertueux ; cet homme vertueux
n'en sera pas moins attaché à ses devoirs. Voilà le
sens que présentent ces mots.

fuira fes perfécuteurs jufqu'au fond des forêts, & préférera, s'il le faut, le commerce
des Tygres à celui des hommes ; mais du
fond des déferts il ne les oubliera point,
il les fervira, tout ingrats qu'ils font, attendrit fur les nouveaux malheurs qui les
menacent , il fera entendre fa voix défin-
téreffée & expirante ; & confumera fes
derniers jours à inftruire une Société qui
la rejette de fon fein.

Que ces efprits indifférens fur le défordre qui ne les touche pas, que ceux dont
la foible prudence méconnoit cette vertu
fupérieure à toute crainte , l appellent un
infenfé , ou le regardent comme un mi-
fantrope qui fe livre au trifte plaifir d'exercer une cenfure amere ; ce n'eft pas à eux
de fentir qu'il eft impoffible à l'homme
vertueux de garder le filence, tandis que
les cris plaintifs des victimes de l'oppref-
fion retentiffent à fon oreille & frappent
fon cœur fenfible, tandis que les droits
éternels de la Juftice font violés pour
fatisfaire quelques monftres avides , tandis
qu'un peuple entier vit dans les larmes, ayant
tout perdu jufqu'au droit lamentable d'élever fes foupirs; ah! le defir généreux de venger
fes freres de l'attentat des méchans enflamme

son courage (a), & si vous croyez que la vanité seule conduit sa plume, hommes ingrats, regardez les persécutions qu'il essuie, son exil, sa vie errante, ses malheurs. Où est son intérêt ? Quel bien lui revient-il ? S'il est coupable, pourquoi donc la gloire demeure-t-elle attachée à ses pas & devient-elle le prix de sa noble audace ? c'est que la gloire qui ne connoît ni les tems, ni les lieux, ni les conventions arbitraires des hommes, juge d'avance comme la postérité.

Hommes de Lettres, vous n'êtes pas toujours assez heureux pour avoir de tels sacrifices à faire à la vérité, mais dans tous les tems de votre vie, vous avez des nœuds chers à briser. Les plaisirs vous invitent, la volupté devient plus séduisante lorsque vous vous refusez à ses attraits, il faut, nouveaux Ulisses fermer l'oreille au chant des trompeuses Sirennes, vous couvrir de votre solitude comme d'un Egide impénétrable, fuir le monde pour lui devenir utile, embrasser la retraite autant par goût que par raison ; c'est là que votre âme ne se renferme pas dans le cercle étroit du

---

(a) On a voulu dire que le citoyen généreux embrassoit la défense du foible opprimé, lorsque sa voix anéantie, pour ainsi dire, par la misere, ne pouvoit s'élever jusqu'à ceux qui doivent réparer ses maux.

B

présent qui s'échappe , mais s'élance dans
ces espaces immenses qui la rapprochent
des Ecrivains de tous les tems. Je vous
vois parcourir le vaste miroir des siécles
écoulés , examiner les ressorts qui chan-
gent la face des Empires , pénétrer le jeu
rapide des révolutions de la Fortune , percer les intrigues de l'Ambition, par les événemens passés prédire les événemens fu-
turs , alors tout sert à vous affermir dans
vos heureux principes ; vous les jugez, ces
foibles humains , vous les jugez sans passion, vous les voyez tels qu'ils font, com-
posés de grandeur & de foiblesse , de vertus & de vices , mais qui doivent peut-
être leurs crimes non à la Nature, qui a
caché dans leurs cœurs le doux sentiment
de la pitié , principe des vertus , mais à la
Tyrannie, à l'affreuse Tyrannie, qui aggra-
vant sur leur tête un joug humiliant les a
fait gémir , haïr , détester leur existence
& les a forcés d'être méchans en les ren-
dant malheureux. Vous pleurez en voyant
dans tous les tems les plaies faites à l'humanité par ceux qui puissans & redoutés ,
méritoient d'en être l'opprobre & le jouet.
Vous pleurez en voyant ces mêmes Loix
qui sembloient devoir arrêter le cours de
tant de maux , devenir terribles & écrases

d'un double poids , le foible qu'elles de-
voient protéger. Votre œil s'étend , votre
vûe plane & profondément émus , vous
vous écriez d'une commune voix : O ! Qui
fçaura aimer dignement les hommes ? Qui
verra difparoître l'enceinte des murs , les
habits , les coutumes , & les mœurs ; &
dans une affection généreufe & univer-
felle.frappera cette barbare intolérance (a),
qui oppofe Loix à Loix , homme à homme , & qui le rend à la fois aveugle & fu-
rieux ? (a).

Que l'ignorance confonde l'homme de
Lettres avec ces hommes livrés à la pareffe fous le nom de repos , qui fe déro-
bent à l'agitation générale pour vivre dans
le defœuvrement, qui dorment mollement
fur des fleurs , en s'abandonnant au cours
enchanteur d'une riante imagination en-
nemie du travail , & amie de la paix, dont
la longue carrière peut être confidérée
comme un doux rêve , & qui tombent
dans les bras de la mort, fans avoir daigné
graver fur la terre le fouvenir de leur exiftence ; cette injuftice ne m'étonnera point,

---

(a) On entend ici par intolérance ces opinions par-
ticulieres , que l'on veut de quelques hommes vou-
droient donner pour de Loix générales , & la perfé-
cution qu'ils fufcitent contre ceux qui n'encenfent
point des rêveries puériles inutiles à la fociété.

elle fera digne d'elle : mais l'œil qui, aura
fuivi les travaux de l'homme de Lettres
jugera différemment, il le verra fouvent
infenfiblement miné par de longues études, périr victime de fon amour pour les
Arts , tomber en pourfuivant avec trop
d'ardeur la vérité, comme l'oifeau harmo-
nieux des bois tombe de la branche au milieu de fes chants, ou plutôt comme ces
illuftres Artiftes dont la main intrépide in-
terrogeant dans la région enflammée de
l'air le phénomene électrique, couronnent
tout à coup leur vie par une mort fatale &
glorieufe.

C'eft ainfi qu'un charme profond capti-
ve fous fon empire l'homme de Lettres.
Entouré des génies les plus rares, c'eft à
eux qu'il rend fon hommage, & non aux
idoles de la Fortune. Il brûle l'encens devant ces Auteurs illuftres qui ont éternifé
leur ame pour l'inftruction des fiécles, &
dédaigne ces hommes qui fiers de leur opu-
lence, croyent tout pofféder avec elle. Le
tranquille Obfervateur affis fur la pointe
d'un roc qui domine l'Océan, repréfente
le Sage , qui d'un lieu élevé regarde les
agitations qui troublent les mortels. Les
flots de la tempête fe brifent à fes pieds. On
ne le verra paffe livrer à une mer orageu-

se & incertaine. Que d'autres comme ac-
cablés d'eux-mêmes vendent leur existence; son ame qui redoute jusqu'à l'ombre
de la servitude se refuse également aux
voies obliques de l'intrigue, à la souplesse
du manége, à la moindre démarche qui
sente la flatterie. Amoureux & fier de sa
liberté, doué d'une aversion insurmontable
pour tout ce qui la blesse, il est riche sans
bien, célèbre sans dignités, heureux sans
adulateurs.

Mais au sein de la retraite, on l'appelle
dans le tourbillon du monde; ceux qui se
livrent aux plaisirs tumultueux veulent
avoir le suffrage de sa présence; jettez-vous
dans le tourbillon, frivoles Ecrivains, qui
pour écrire n'avez pas besoin de penser,
vous y perfectionnerez cet esprit léger tout
fier d'idées sémillantes, il vous faut des
éclairs, il vous faut un langage brillant qui
puisse servir de voile à vos connoissances
superficielles; promenez-vous avec la folie,
vous n'avez rien à gâter; mais toi homme
de génie qui as sçu méditer, poser des principes, affermir ta marche, & comme d'un
tronc fertile, en suivre toutes les consé-
quences, toi qui vois en grand, garde-toi
d'asservir tes mâles talens au goût des So-
ciétés; elles corromproient ton éloquence,

tes vues hardies & fublimes , ton héroïfme
vertueux. C'eft aux feux étincelans & le-
gers que dreffe l'artifice à recréer les yeux
de l'enfance dans l'enceinte des Villes ?
C'eft au volcan à lancer des colomnes de
flamme jufqu'aux Cieux, à tonner majef-
tueufement dans les Deferts, à infpirer une
admiration voifine de l'effroi.

O! que l'homme s'abufe fur les objets de
la volupté , qu'il fe trompe dans le choix
de fes plaifirs , qu'il s'égare dans le tor-
tueux dédale des defirs de fon cœur. Il ne
fent plus que d'une maniere incertaine , &
il devient le jouet infortuné du premier
caprice qu'il vient de fe forger. Voilà le
précipice ou conduifent les paffions faĉti-
ces ; l'homme de génie les méconnoit, il
n'a que celles de la Nature, toujours bien-
faifante en elle-même. Mais me dira-t-on,
par quel privilége feroit-il exempt des fen-
timens chers & terribles qui portent la
tempête dans le cœur du ruftre, comme
dans le cœur du Philofophe qui recher-
che l'origine de ces mêmes paffions. Cette
étendue d'efprit, cette force d'imagination,
cette aĉtivité d'ame , ne donnent-elles pas
plus de prife à ce feu qui femble d'autant
plus redoutable qu'on ofe le combattre ,
& ne voilà-t'il pas cet homme fi éloquent,

leux de fa fageſſe, eſclave comme un autre ; non. Nos paſſions ne ſont tyranniques
qu'autant que nous les carreſſons , c'eſt
notre foibleſſe qui fait leur amorce, c'eſt
notre complaiſance qui les déifie ; l'oiſive-
té les nourrit, les enflamme, l'amour du
travail les enchaîne, les amortit ; la diſ-
ſipation augmente leur délire , étend leur
racines ;la raiſon affoiblit l'enchantement ;
& les beaux rayons de la gloire viennent
enfin par leur éclat faire pâlir ces feux men-
ſongers, comme à l'approche d'un jour pur
ſe diſſipent les horreurs d'un incendie qui
jettoit une lueur affreuſe parmi les ténébres. Mais ſi l'attrait de la beauté ſubjugue
l'homme de Lettres, il ne ſera pas du moins
avili, il briſera ſes fers s'ils ſont honteux ,
il ſera ſemblable au lion enchaîné, qui ne
paroît pas eſclave au moment même où il
ſe trouve captif.

Il eſt un autre fleau de l'humanité qui le
détruit en détail, poiſon rongeur de l'ame
qui l'attaque au milieu de la pompe & des
grandeurs, ou plutôt qui la livre à elle-
même , & la contraint à ſe dévorer , ma-
ladie commune aux Grands, ſombre va-
peur qui étend un voile lugubre autour de
nous & flétrit l'Univers, état cruel qui ſans
avoir les traits aigus de la douleur nous l'a

fait prefque défirer pour fortir du moins de
l'affreux dégoût d'une infipide exiftence,
ce fleau eft l'ennui qu'on peut appeller
un demi trépas ; l'homme de Lettres a le
fecret de chaffer ce monftre ténébreux.
Oferoit - il approcher , lorfqu'il fe trouve en fociété avec Homére, Tacite &
Leibnitz ; il refpire leur ame, il s'attendrit
ou il s'indigne. Les différentes généra-
tions d'hommes , & leurs opinions diver-
fes paffent fous fes yeux avec leurs Villes,
leurs mœurs , leur culte & leurs loix. Un
fpectacle fuccede à un autre ; dans ces
champs antiques s'élevent de nouvelles
Cités , elles tombent & d'autres s'affeyent
fur leurs débris. Où eft l'inftant ou fon efprit actif a pû retomber fur lui-même , il
a parcouru l'Univers & a dépofé dans fa
mémoire une fuite magnifique de tableaux
qui fe reproduiront à fon imagination ,
lorfque l'homme oifif & importun venant
le tyrannifer prendra fon filence méditatif,
pour la preuve non équivoque d'une at-
tention qu'il ne mérite point.

Il eft une autre piége qu'il évite auffi ha-
bilement ; ce font ces Grands qui par vanité daignent quelquefois lui fourire. Semblables à ces Magiciens qu'on nous peint
évoquant les paifibles habitans des tom-

beaux, ils font fiers d'arracher l'homme de
génie à fa retraite, & de le tranfporter
dans des murs étonnés de le voir. Ils femblent vouloir jouir de fa défaite, ou tirer
de lui quelque aveu favorable à leur puif-
fance, mais fi cet homme opulent n'eft
qu'un protecteur ou un être ennuyé, qui
veut tenter le dernier remede à fes maux,
l'homme de génie n'eft pas longtems fans
fe délier, & il le laiffe avec fes ftatues, fon
parc immenfe,& les cordons qui le chamar-
rent. Mais n'outrons rien, ceux qui ont
le malheur d'être grands, peuvent être juf-
tes,modérés,fenfibles, & indépendamment
de leur nom, l'homme de Lettres fe lie
avec ceux qu'un même goût pour les Arts
enflamme, & qui dépofant l'appareil faf-
tueux de leurs dignités, ne le reprennent
qu'au moment où ils font forcés d'aller
jouer leur rôle fur la fcene du monde. Tel
Horace vivoit familièrement avec Mece-
ne en homme libre, & non en homme pro-
tegé. Ainfi parmi nous Condé honoroit
Corneille; c'étoit la gloire qui faifoit fa
cour au génie : Ainfi dans tous les tems
les grands dignes de ce nom ont fait les
premiers pas vers les Ecrivains qui arrê-
toient les regards de leur fiécle. Ces
grands fentoient bien que leurs noms de-

vant paſſer enſemble à la poſtérité , elle auroit lieu de s'étonner ſi elle ne les trouvoit pas unis.

L'homme de Lettres ne ſe refuſera donc pas à la Société, lorſqu'elle ne pourra point effeminer ſon génie? Que dis-je c'eſt lui qui doit y porter le plus d'agrémens. Cette aimable gayeté compagne de l'innocence & de la liberté animera ſes diſcours, leur prêtera cette fleur naturelle qui annonce je ne ſçais quoi d'ingénieux & de ſolide , & qui unit une clarté pure à une profondeur heureuſe. Ce ſera lui qui étendra les idées des autres hommes, qui ſous la forme du ſentiment , développera les penſées qui repoſoient au fond de leurs cœurs , & qui placera ſur leurs lévres cette expreſſion juſte & facile dont il leur aura donné l'exemple. Cet aliment de la malignité humaine , cette vile reſſource des eſprits bornés , ce petit orgueil vain & puéril qu'on nomme médiſance lui ſera inconnu. Trop grand pour s'occuper ſérieuſement d'objets frivoles , & s'il faut le dire trop amoureux de la gloire pour daigner rabaiſſer quiconque ignore qu'il en eſt une , il ne jugera dignes de ſes coups que ceux qui par leur puiſſance influent ſur la deſtinée des Etats, & s'il médit, ce ne fera des Rois de leurs Miniftres & du vice des Empires.

Inhabile à flatter, incapable d'offrir à la Fortune le facrifice de fes penfées, il renonce à ces places où il faut adopter un efprit de corps, c'eft-à-dire de cupidité, & c'eft ici le vrai triomphe de l'homme de Lettres. La plupart des hommes ne penfent que d'après l'habit qu'il portent ; leur profeffion crée leurs idées; celui qui a rompu les liens nuifibles au progrès de la raifon paroît feul poffédex un jugement libre que rien ne tyrannife : Accoutumé à renfermer fes defirs dans le cercle de fes befoins réels, il n'en aura point d'illimités. Il fent que les dons de la Nature les feuls biens véritables font la fanté, la joie, la tendreffe, la tranquillité de l'ame, & il foutiendra fans douleur toute autre privation, parce que fa raifon aura reglé cette intempérance d'imagination qui fait l'inquiétude des autres hommes. Avouons-le cependant ; l'indigence eft affreufe, un ancien Poëte nous la repréfente fous l'image d'une femme échevelée, abandonnée fur un rocher défert, qui tantôt lutte contre le défefpoir, tantôt mefure l'abîme effroyable où elle va fe précipiter ; mais l'indigence n'a jamais furpris l'homme de

Lettres laborieux, il pourra être pauvre, &
ce sera là le gage de ses vertus, & de la
noble fierté de son ame. A ce mot je vois
frémir les ames foibles qui redoutent la
vie ; ames infortunées qui n'existent plus
dès que les molles voluptés les abandon-
nent ; tristes victimes de leur lâcheté, dé-
vouées à la crainte & nées pour l'impuis-
sance ; sans doute elle ne sont point faites pour connoître ce courage mâle qui
émousse la pointe de l'infortune, résiste
aux revers, triomphe des evénemens, &
met au rang des plus précieux trésors l'indépendance & l'honneur.

Tel est le partage de celui qui a médité
sur l'art de changer les maux en biens,
d'opposer la patience aux coups du sort, &
de le dompter par la force & l'étendue de
son esprit. Envain la Fortune veut se venger des dons qu'il a reçus de la Nature,
envain elle l'accable de ces traits qui flé-
trissent l'ame, il refusera constamment de
plier un genou servile devant ses idoles,
ou ses favoris. Donnerai-je ici la liste de
ces beaux génies persécutés par elle, & qui,
contens dans leur noble independance ont
rejetté tout esclavage, & ont opposé une
ame inébranlable aux coups de l'adversité.
Je les entends, ils s'écrient d'une voix una-

hime : nous dédaignons les richeſſes , elles
ſont le prix de la baſſeſſe. Elles amolliſſent
l'ame en l'enchaînant à de nouveaux beſoins. Elles ſe ſont avilies à nos yeux à force
d'être l'inſtrument du crime, & d'apparte-
nir à des hommes mépriſables; que l'or, ger-
me de tous les maux, ſoit pour eux, la mé-
diocrité & la gloire ſeront pour nous.

Quelle foule d'Ecrivains ſublimes &
pauvres depuis Socrate juſqu'à Deſcartes ;
& depuis Homére juſqu'à Milton ! L'hé-
roïſme a été le partage des plus vaſtes génies, jamais l'intérêt n'a ſouillé leur plume,
jamais la crainte n'a fait pâlir leur front ;
jamais le remord n'a ſuccédé aux accens
de leur voix libre. Ici Lucrece ſonde la
Nature, analyſe l'homme & le raſſure contre de vaines chimères , heureux, ſi l'erreur ne ſe plaçoit pas à côté des plus utiles vérités ; là, Juvenal arme ſa main de la
verge de la ſatyre , porte le flambeau dans
les ténébres épaiſſes ou ſe cache le crime,
& ſert l'humanité en démaſquant le vice.
Je te vois fier Lucain, c'eſt ſous un Néron
que tu compoſes ton Poëme ; c'eſt à ſon
orgueil barbare que tu oſas diſputer la pal-
me de la Poëſie, c'eſt toi qui péris à vingt-
ſept ans pour la liberté ; les flots de ton
ſang rougiſſent ton bain , tu ſouris, & tu

abandonnes un monde où ne pouvoit plus
respirer un homme. Qui ne sent frémir la
partie la plus sensible de lui-même à la
touche énerg que d'un Tacite, il peint &
il écrase les tyrans, & du même trai les
dévoue à l'opprobre. Sans l'amour sacré
de la liberté & d'une noble vengeance ,
où auroit - il trouvé le courage d'écrire
l'histoire de monstres paîtris de sang & de
boue ? Que vois-je sur ce vaisseau malheureux , ouvert de toutes parts aux coups de
la tempête ; qui se précipite dans cette mer
profonde ? C'est le Virgile des Portugais ,
qui fier & intrépide, lutte d'une main contre les flots ; de l'autre souleve son Poëme
son plus cher trésor, il le protége, le sau-
ve, & s'écrie transporté de joie, je n'ai rien
perdu , j'ai préservé du naufrage le gage
de mon immortalité.

A ces grands traits la froide dérision est
prête à naître sur les lévres de l'homme
vulgaire. S'il lui faut de plus grands exemples , ou plutôt des exemples faits pour
lui, je citerai des Rois qui sur le trône ont
eu la passion dominante des Arts , & d'autres qui en sont descendus pour se débar-
rasser de leurs chaînes , & contenter uni-
quement la soif d'apprendre qui les dévo-
toit. Titus , Marc-Aurele & Julien furent

des Empereurs Philofophes , l'antique
vœu de Platon fût rempli , & fous leur
régne paifible les hommes fentirent le bonheur d'être gouvernés par des Chefs éclai-
rés, & par conféquent échauffés de l'amour
de l'humanité. Héraclite céde à fon frere
le trône d'Ephefe , abforbé dans une méditation profonde , il s'enferme dans les
tombeaux de fes ancêtres ; c'eft dans l'horreur d'un lugubre & majeftueux filence
qu'il entreprend de percer le voile qui
couvre les fciences profondes. Le Créa-
teur des Ruffies jaloux de tranfporter les
Arts dans le fol ingrat de fa Patrie, va les
chercher à travers les dangers, & les travaux ; il faifit la hache du matelot pour
porter plus dignement le poids du Sceptre,
& dans l'étendue de l'Europe rien n'échappe à fes avides regards. Elizabeth de Bohê-
me , Princeffe Palatine refufe la main de
Ladiflas IV. roi de Pologne pour cultiver
la Philofophie & les Mathématiques, &
s'honnorer du nom de difciple & d'amie
de Defcartes. Chriftine dépofe le Diadê-
me, quitte de vils flatteurs pour s'entrete-
nir avec des êtres penfans, & tandis que
les autres Souverains demeurent comme
empoifonnés dans leurs vaftes Royaumes,
elle parcourt l'Italie , théatre fuperbe

d'antiques monumens dont les débris portent encore dans l'ame un sentiment in-
volontaire d'admiration & de respect. Et
sur les ruines magnifiques de la domina-
trice de l'Univers, elle oublie ce trône
qu'elle occupoit. Je sçais que la Philosophie
oblige les Rois de porter pendant toute leur
vie le triste fardeau du Sceptre qu'un des-
tin fatal leur a imposé ; je sçais qu'elle leur
défend d'oser s'élever à un état plus heureux, mais elle est aussi trop severe. Rete-
nir l'empire de la puissance est un héroïs-
me trop grand pour qu'il ne soit pas aussi
peu rare, & qui peut blamer Christine parce que à sa place il auroit eu le courage
de ne point abandonner l'autorité suprê-
me, le Philosophe sera-t'il toujours orgueilleux de la trempe heureuse de son
ame, & exigera-t-il sans cesse des Souverains cette même fermeté qu'il auroit pû
avoir.

Je ne veux point que vous renonciez
à l'empire des Graces, vous sexe aimable,
qui pouvez partager le bonheur qu'enfante la culture des Lettres. Jouissez toujours du don flatteur de la beauté qui adou-
cit l'homme le plus sauvage, & qui est
l'heureux lien de la Société, mais con-
noissez aussi vos autres avantages. Dignes
compagnes

Compagnes de l'homme, ofez penfer avec
lui ; la Nature vous a donné le même efprit. Vos lumieres dirigées par le fentiment
apporteront à l'homme une félicité nou-
velle, & peut être ajouteront à l'éclat de
vos charmes. Nous ne redouterons pas vos
talens, lorfqu'ils contribueront à embellir
ce qui nous environne ; je m'éleverai contre cette coutume barbare qui étouffe dans
les jeunes perfonnes de votre fexe les ger-
mes précieux des plus rares talens. Pourquoi ne pas donner une égale éducation à
des efprits également doués de raifon? celles
qui doivent adoucir les amertumes de notre vie, peuvent-elles fe paffer d'être inftrui-
tes? l'ignorance leur prêteroit-elle de nouveaux attraits? Qu'elle inhumanité les prive
de l'avantage que procure le goût des Arts?
Ce Sexe l'ornement de la terre deftiné à élever nos premiers ans, fera - t il toujours
condamné à la frivolité? Si leur efprit étoit
plus enrichi, notre éducation y gagneroit,
Quel plus doux emploi pour une mere que
de verfer dans les ames neuves & tendres
de fes enfans les premieres impreffions du
beau & du vrai. Que fes paroles font in-
finuantes & fe gravent profondément! Que
la vertu eft douce & riante dans fa bouche! Hommes injuftes quel dons profanez-
vous? Pourquoi ne pas cultiver le fenti-

ment exquis de leur ame ? Pourquoi ne
pas tourner la foupleffe & la vivacité de
leur imagination fur des objets utiles ?
Pourquoi enfin , leur interdifant toute noble carrière, leur envions nous encore les
jeux & les plaifirs de l'efprit ? Eft-ce l'effet
d'un préjugé aveugle , où plutôt notre jaloufie fecrette prévoit - elle que nous fe-
rions bientôt furpaffés ?

Mais ce feroit peu d'avoir expofé la liberté dont jouit l'homme de Lettres , fi je ne
dévoilois les plaifirs délicats qui l'accom-
pagnent à chaque inftant qu'il les appelle.

SECONDE PARTIE.

HOMME de génie n'accufe point la
Nature ; ne te plains point d'avoir
reçu en naiffant ce feu facré qui te preffe ,
te domine , te rend utile & cher à l'Univers. Eft-ce à toi de vendre tes fervices ?
Eft-ce à toi d'attendre ton deftin des hommes ? Si l'envie s'attache à tes pas ; fi l'im-
bécile fuperftition te pourfuit de contrées en
contrées (a) fi la calomnie exhale les poi-
fons de fa bouche ; que peuvent de tels
monftres contre toi ? Eft-ce à toi de les

_____

(a) C'eft cette haine aveugle & opiniâtre que l'envieux
conçoit pour l'homme éclairé ; c'eft cette jaloufie que ref-
fentent les ames baffes incapables de l'égaler.

craindre. Que peuvent-ils contre ton cœur
dont le témoignage consolant te récom-
pense d'avoir suivi ce qui étoit juste &
grand ? Aimerois-tu mieux grossir la classe
des hommes vils & lâches dont la fureur
triomphe ? Préférerois-tu une molle inac-
tion à l'honneur même dangéreux de parler devant le genre humain ? Songe que
c'est lui qui est juge ; rappelle à ce Tribu-
nal sacré, & tache d'honorer toujours dignement en toi la cause de l'homme. Songe que tu tiens entre tes mains les intérêts
de toute ame noble & généreuse ; plaide
avec courage, & en présence du méchant
même, il frémira à ta voix, les remords
secrets déchireront son cœur, & tu liras
ton triomphe sur son front abattu. Tu es
malheureux, persécuté ; eh ! Dis moi qui
ne l'est pas ? Echapperois-tu dans l'obscurité à la haine ? Non : tu trouverois dans
la poussiere des insectes ténébreux qui te
tourmenteroient, & tu aurois de moins tes
talens, tes vertus & ta renommée. Que
te font ces cris odieux ? Te ravissent-ils
l'honneur ? Ta gloire en devient souvent
plus grande. As-tu toujours suivi l'inspi-
ration secrette de cette voix qui nous diri-
ge? N'as-tu jamais été l'interpréte du men-
songe, l'instrument de la haine? N'as-tu rien
donné au ressentiment ? Si tu t'es trompé,

est-ce de bonne foi? Tes erreurs ne tiennent-
elles qu'à ton extrême sensibilité. Leve encore une tête superbe, & marche au milieu
de tes semblables ; comme un Roi généreux que précédent les bienfaits , marche
au milieu de ses vastes domaines.

Ami, ne te regarde pas comme une victime préparée pour le seul bonheur d'autrui : la Nature n'a pû te sauver les peines
inévitables attachées à la condition humaine ; mais vois aussi toutes les qualités dont
elle t'a doué avec une magnificence digne
d'elle & de toi. Elle t'a donné ce sentiment exquis , ce discernement prompt &
vif , cette ame honnête & sensible qui s'enflamme pour le beau,& le goûte avec trans-
port.Il existe entre l'Univers & toi une rela-
tion intime,ou plutôt l'Univers est créé pour
tes yeux. C'est à toi d'analyser & de peindre ses beautés. Tu seras saisi de respect ,
d'admiration & d'enthousiasme , lorsque le
vulgaire ne sera pas même ému ; tu seras
pour ainsi dire le point vivant ou viendront
se réfléchir les merveilles diverses de la
Nature , & ton amour invincible pour le
vrai , pour le bon, te donnera chaque jour
une idée flatteuse de la sublimité de ton
ame.

Ce que la volupté a de délicieux elle le
reçoit de l'esprit , ses délices sont pures &

immortelles comme lui, c'est une source
heureuse qui ne tarit point. L'image du
beau, ainsi que celle de la vertu est gravée
au fond de nos cœurs; il n'appartient qu'à
nous de la contempler sans cesse; voilà la
véritable jouissance de l'ame, & le plaisir
inaltérable; aussi les gens de Lettres sçavent trouver en eux-mêmes une satisfac-
tion douce & continue, qui n'agite point
le cœur, qui ne réfroidit point l'imagination, tandis que les autres hommes jamais
détrompés, embrassent dans une volupté
passagere un phosphore brillant qui se
dissipe.

Qu'est-ce que le bonheur? Le bonheur
est l'ouvrage de la raison, c'est le parfait
accord de nos desirs & de notre pouvoir.
Or, l'homme de Lettres amoureux dès l'enfance, de tout ce qui porte l'empreinte de
la pensée & du sentiment, s'éclaire à la lumiere de l'une, & s'échauffe à la douce
chaleur de l'autre. Il trouve des charmes
variés ou les autres n'apperçoivent qu'une
couleur triste & uniforme. Il n'a pas besoin de recourir à des objets étrangers; il
n'a qu'à descendre en lui-même qu'à fouil-
ler cette mine riche & profonde qui recèle
des trésors inconnus. Son ame est dans l'é-
quilibre, par ce qu'elle ne poursuit pas plus
qu'elle ne peut obtenir; elle sera heureuse

par le fentiment qu'elle a de connoître ;
d'embraffer divers rapports, & de jouir
d'une foule de tableaux. Il n'eft point de
plaifirs flatteurs s'ils n'affectent le fentiment : c'eft la partie divine de notre être,
elle faifit ce qui eft inacceffible aux fens,
elle fe paffionne, s'attendrit, s'enflamme,
fa fubtilité inconcevable pénetre les objets
les plus éloignés ; elle eft la créatrice & la
dépofitaire des plaifirs de l'homme de Lettres, plaifirs auffi vifs peut être que ceux
que procurent les paffions, mais fans con-
tredits plus fréquens, plus vrais & plus
durables.

O! vous qui m'entendez, qui poffedez
ce fentiment rare, ce tact fin & délicat,
ce feu fubtil inconnu, vous me difpenferez
de définir ce que vous fentez avec tranf-
port. Ce n'eft pas pour vous que je parle
ames froides & bornées qui n'avez jamais
fait ufage de vos facultés intellectuelles ; il
faut frapper vos fens pour réveiller votre lan-
gueur. La fcience eft pour l'homme de Lettres un océan immenfe, où il fe plonge avec
volupté ; il étend de tout côté la fphere de
fon bonheur, & devient fenfible à des plaifirs qui échapent au refte des hommes. Defcartes qui s'empifonne trente années fon-
dant la Terre & les Cieux ; Mallebranche
loin de ce monde lorfqu'il médite ; Cor-

neille dans l'enthousiasme jusqu'au lever de
l'aurore ; la Fontaine assis un jour entier au
pied d'un arbre, exposé à l'inclémence d'un
Ciel pluvieux ; Archiméde qui n'apperçoit
point la main qui va l'assassiner; voilà le charme invincible. & profond qui retient dans
ses chaînes invisibles l'ame du Poëte, &
du Philosophe ; qui la pénétre , la remplit
sans la fatiguer , qui accroît sa force & lui
découvre des régions nouvelles étinçelan-
tes de beautés neuves & sublimes. Quelle
joie plus pure en effet que celle que donne
la découverte d'une utile vérité ? Est-il un
transport plus vif que celui qu'inspire le sentiment rapide du beau ? Où est le conten-
tement préférable à celui qui couronne
d'honorables travaux ? Alors je ne sçais
quel transport noble, & non orgueilleux
rend à l'homme de Lettres un témoignage
consolant de la grandeur de son génie, parce qu'il a sçu l'appliquer à ce qui est utile ,
décent & honnête

Rien ne lui est étranger, tout ce que l'esprit humain a pensé vient se peindre à son
esprit, son gout en devient plus étendu, &
plus sûr, son intelligence plus nerveuse.
Il jouit tour à tour des systèmes élevés &
profonds de la Métaphisique , des sublimes
préceptes de la Morale , des immuables
vérité de la Géométrie , des tableaux atta-

chans de l'Histoire, du pinceau de Rubens,
du cizeau de Bouchardon , du charme
inexprimable de l'éloquence, & de celui
de la Poëſie le premier , le plus beau des
Arts , qui frappant par excellence le cœur
de l'homme , lui procure le plaiſir d'être
délicieuſement ému, & embellit à ſes yeux
tous les objets de l'Univers.

Ainſi la méditation qui paroît ſombre &
ſevere , & qui eſt le ſupplice d'un eſprit
ſuperficiel devient la paſſion chérie d'un
homme de Lettres; ſon eſprit profond parcourt ſucceſſivement la chaîne qui lie les
êtres , monte, deſcend, s'arrête , compare
les rapports, les juge , & eſt fier des traits
épars & lumineux qu'il ſaiſit dans ſa cour-
ſe rapide. Une premiere vérité l'enhardit
à en connoître une ſeconde , & ſi ſa vie
n'étoit pas bornée , ſans doute , tel homme
de génie auroit embraſſé le cercle des con-
noiſſances humaines.

Faut-il s'étonner s'il dédaigne tout ſpectacle de vanité & de luxe, s'il chérit cette
ſimplicité , vrai caractère de la grandeur ,
ſoit dans les Arts ſoit dans les mœurs.
Qu'à-t-il beſoin des mœurs factices & arti-
ficieuſes de ſon ſiécle ? Sa Société eſt la
Société des grands hommes de tous les
tems. Que ſeront à ſes yeux les foibles imi-
tations d'un Art limité ? Son ſpectacle eſt

celui de la Nature, c'est-là qu'il prépare ses pinceaux, & qu'il broye ses couleurs. Il se plaît dans les contrastes les plus frappans, dans les phénomenes les plus terribles qui font l'école du génie. Il admire également la clarté brillante d'un jour pur & serein, & les nuages orageux portés sur les ailes des tempêtes, & le calme auguste de la Nature qui se tait dans le fond des Forêts, & l'écho du Tonnerre qui du haut de son trône terrible & ténébreux, gronde avec majesté sous un Ciel déchiré par l'éclair, & le fleuve majestueux qui promenant lentement ses eaux, répete ses bords enchantés, & les vagues mugissantes qui frappent & blanchissent d'arides rochers de leur écume, & l'aspect magnifique d'un vaste & superbe Palais, & les débris antiques des colomnes renversées & rongées par la lime des tems.

Mais l'ombre de la nuit survient, il se dérobe au sommeil; à la lueur d'un flambeau qui le plonge dans une volupté douce, il converse avec ces morts illustres, ces sages de l'antiquité, révérés & bienfaisans comme les Dieux, héros donnés à l'humanité pour sa gloire & son bonheur.

Alors dans les vastes pensées d'une sublime méditation, le livre antique lui tombe des mains, le souffle inspirateur se ré-

pand dans fon ame , fon cœur s'échauffe ;
fon imagination s'allume , un frémiffement
délicieux coule dans fes veines , l'enthou-
fiafme le faifit ; fur des aîles de feu , fon efprit s'élance , il franchit les limites du monde, il plane au haut des Cieux : là , il contemple , il embraffe la vertu dans fa per-
fection , il s'enflamme pour elle jufqu'au
raviffement & à l'extafe , je vois fon front
riant tourné vers le Ciel , des larmes de
joie coulent de fes yeux , l'amour facré du
genre humain pénetre fon cœur d'une vive
tendreffe , fon fang bouillonne ; la rapidi-
té de fes efprits entraîne celles de fes idées;
c'eft alors qu'il peint avec fentiment , qu'il
lance les foudres d'une mâle éloquence ,
qu'il crée ces chefs-d'œuvres l'admiration
des fiécles ; il donne l'ame, la vie , ou plutôt il embrâfe tout ce qu'il touche. Que lui
manque-t-il alors pour rétablir l'ordre dans
l'Univers ? Il ne lui manque que la puif-
fance ; il a le droit d'aimer, de hair ; il a
vû tout ce qui bleffoit cet ordre , la ma-
ladie des Empires , la contradiction des
Loix, la Force égorgeant l'Equité ; il a fré-
mi à la fois d'un mouvement de tendreffe
& d'indignation ; il a voulu terminer les
débats antiques de l'horrible oppreffeur, &
du foible opprimé ; & fi dans l'excès de fon
zèle, il s'eft égaré dans fes vûes fublimes,

du moins les succès du crime ne lui en ont point imposé, & n'ont point fatigué sa constante vertu.

Ce seroit ici le lieu de peindre l'ivresse qui pénetre son ame, lorsqu'aux acclamations des Citoyens satisfaits, la gloire aux aîles brillantes, descend sur sa tête la couronne qu'il a méritée ; lorsqu'un Peuple éclairé & sensible lui prodigue ces applaudissemens qui font pâlir l'Envie ; lorsque la reconnoissance multiplie son nom dans toutes les bouches, & que plus heureux encore il voit la flamme généreuse qui embrâse ses écrits se répandre dans tous les cœurs, & qu'ils se remplissent des principes vertueux qu'il a établis pour le bonheur des hommes. Alors il dit, j'ai fait quelque bien sur la terre, mon existence n'a point été méprisable, elle m'est chere, puisqu'elle a été utile à quelqu'autre. O gloire ! ô amour de l'estime ! C'est toi qui satisfais le penchant le plus digne de nous ; tu nous écartes des routes de la molesse pour nous faire marcher sur les pas des grands hommes ; tu ravis au néant le souvenir des nobles travaux ; sois toujours la passion la plus forte, la plus durable, la plus agissante dans l'homme de Lettres. Quiconque ne te sent pas ne s'élevera point même jusqu'au médiocre.

C'eſt ainſi que ſont payés les momens que l'homme de Lettres a paſſé dans la ſolitude. Le tems écoulé & perdu pour l'homme vulgaire exiſte encore pour lui. Il ſe reproduit ſous ſes yeux, & le remords d'un jour inutile n'entre point dans ſon cœur ; le calme, la tranquilité enfans de la modération des deſirs, deviennent ſon partage. La tendre amitié lui ſourit. Que les hommes durs la dédaignent ; que les triſtes raiſonneurs la calomnient ; il la trouve parce qu'il l'invite. Il ne cherche point dans ſon ami un flatteur ou une victime de ſes caprices, mais une ame honnête où il puiſſe délicieuſement épancher la ſienne, établir une communication intime de toutes ſes penſées, s'élever, s'embellir mutuellement dans un commerce qui ne ſouille point le mélange impur de l'intérêt. Le don de la parole devient pour eux le lien de leurs cœurs, ils s'entendent, ſe préviennent & ſe perfectionnent l'un par l'autre. L'expreſſion naïve de leurs ſentimens vole ſans effort ſur leurs lévres, ils oſent ſe montrer tels qu'ils ſont ; la confiance s'établit, le rapport de goût ſe fortifie, l'amitié les unit à jamais, ils penſent enſemble, & ils n'ont point à craindre que la cupidité vienne briſer des nœuds dont le charme fait toute la force.

O ! qu'il est doux dans le sein de cette
auguste amitié, de n'obéir qu'à la voix du
génie, de suivre ses inspirations secrettes,
de nourrir chaque jour ce feu sacré des
beaux Arts, ce goût épuré qui forme une
trempe d'ame également vigoureuse &
sensible. Quelle source de délices de s'é-
lever avec Corneille, de pleurer avec Ra-
cine, de rire avec Moliere, de penser avec
Montesquieu, Buffon, & Rousseau. O douces illusions de la Poësie ! Vous n'avez pas
moins de charmes pour moi que la vérité ;
puissiez-vous me toucher & me plaire jus-
ques dans les derniers instans de ma vie.
Que je lise avec le même ravissement ce
que les Muses immortelles ont chanté,
que j'oublie les passions orageuses qui tourmentent l'homme inquiet pour m'élever
aux pensées riantes ou majestueuses qui
font disparoître tout ce qui n'est pas elles.
Dans mes promenades solitaires, je te sui-
vrai dans les combats impétueux, Homére
& tes héros me paroîtront aussi grands que
tes Dieux. Tu peindras l'amour sacré de
la Patrie, la valeur qu'il inspire ; la gloire qui accompagne l'homme courageux,
l'opprobre inévitable qui atteint le lâche.
Je goûterai tes images tour à tour sublimes & gracieuses, & cette chaîne d'or qui
tient l'Univers suspendu devant le maître

des Dieux, & la ceinture de la mere des graces, & le fang immortel de Venus qui coule fous la lance du fougueux Diomede, & Junon qui fur le mont Ida enveloppé d'un nuage impénétrable aux rayons du Soleil, défarme dans fes bras le Dieu qui lance la foudre ; tout fera pour moi un tableau de la Nature, tout m'offrira fous d'aimables fictions l'emblême de la vérité. Je te méditerai comme Platon inimitable, La Fontaine, toi dont la naïveté cachoit tant de profondeur, j'aimerai à reconnoître l'empreinte de ce cœur fans fiel ; de cette ame fi fimple, mais fi noble qui défendit Fouquet, & ne connut jamais le moindre détour. Affis fous un ombrage frais, couché près du criftal des eaux, tu fouriois à la Nature, & la Nature te couronnoit de fes fleurs. Je ne t'oublirai pas énergique la Bruyere, toi qui portas une vûe fi pénétrante dans les replis du cœur humain ; en apprenant à me connoître, j'apprendrai à pardonner aux hommes ; mais quand la nuit étendra fes voiles fombres, que les mortels fatigués fe livreront au repos, au milieu du filence des nuits, tu m'entraineras hors des limites du monde, audacieux Milton, un voile impénétrable couvroit ta paupiere, mais ton œil intellectuel apperçut cet efprit qui porté fur

les eaux appella l'Univers de l'abîme du
néant. Tu me peins le jour pompeux de la
création, la terre couronnée de verdure s'é-
chappant des mains du Tout - Puissant ; il
allume le Soleil , il déploye l'auguste
pavillon du firmament. Tu me transportes
dans le Jardin d'Eden ; tu me fais voir le
régne fortuné de l'innocence , la beauté
majestueuse d'Adam , les graces pudiques
de sa chaste compagne. Bientôt je traver-
se l'empire de l'informe Cahos, je descends
dans les gouffres brûlans creusés par la
Justice Divine. Là , tu me réprésentes les
esprits de révolte étendus sur le lac enflam-
mé ; leur Chef porte sur son front cicatrisé
l'empreinte de la foudre ; j'entends les blas-
phêmes respectueux qu'il vomit dans son audace, aussi étonnante que coupable; soudain
tu me ravis aux Cieux , je vois les légions
aîlées qui entourent le trône de l'Eternel ;
il parle, tout s'ébranle; les milices du Dieu
vivant s'élancent pour venger sa puissance
outragée. Le Ciel & l'Enfer se choquent ;
l'Enfer a soulevé ses feux , le Ciel a fait
pleuvoir ses foudres , la victoire est sus-
pendue dans ce combat terrible ; mais quel
moment formidable ; le char du fils de
l'Eternel franchit les plaines de l'immen-
sité ; les carreaux vengeurs qui partent de
ses mains, précipitent, écrasent & poursui-

vent ces innombrables légions de rébelles ;
ô Milton ! Je les vois tomber dans le gouf-
fre immense de la désolation ; j'entends
les portes de l'effroyable abîme se refer-
mer pour jamais , & je te vois un instant
près du vainqueur , couronné des rayons
de sa gloire , & environné de l'éclat de
mille Soleils.

. Active imagination , tu es la source &
la gardienne de nos plaisirs ; ce n'est qu'à
toi que nous devons l'agréable illusion
qui nous flatte ; tu sçais fournir à notre
cœur les plaisirs dont il a besoin ; tu rap-
pelles nos voluptés passées , & tu nous
fais jouir de celles que l'avenir nous pro-
met ; tu plais sur-tout à l'esprit ; c'est ta
flamme subtile & légere qui colore & les
Cieux & la terre & les Mers ; sans toi l'a-
me se refroidit , la fleur la plus précieuse
de notre sensibilité tombe , se fanne , &
tous les charmes de la vie disparoissent ;
tu distingues dans les Arts celui qui est né
avec du génie ; la pensée la plus profonde
s'évanouit , si elle n'est revêtue de tes couleurs ; tu as peut-être découvert plus de
vérités que la raison même , car tu joins
la force à l'agrément , la persuasion à l'autorité ; tout ce qui est vif , délicat , riant
est de ton ressort ; oui , tu es le miroir
heureux où se peignent , se multiplient ,
s'embelissent

s'embelliſſent tous les objets de la Nature.

Aimable imagination , ſouveraine de nos eſprits , dès qu'on ſe livre à ton vol enchanteur , l'infortune fuit , les rayons de l'eſpérance dorent la perſpective du bonheur ; l'homme de génie échauffé par toi , ſe trouve dans ſon malheureux deſtin au-deſſus de ſes revers , & même il les oublie ; il porte en lui un tréſor que ne peut lui arracher la Fortune : Animé d'un feu céleſte , il exerce ſa penſée , elle ſe repoſe ſur les objets les plus ſublimes ou les plus rians , & l'image de ſes maux eſt effacée. Baçon empriſonné ſous la voûte d'un cachot , commandoit à ſon ame de franchir ces murs épais , elle méditoit l'ordre éternel de l'Univers, le mélange inévitable de bien & de mal , la ſucceſſion néceſſaire du plaiſir & de la douleur. Eh , que lui faiſoient alors ces chaînes, qui ne pouvoient captiver la plus noble partie de lui-même ? Chantre de Tancrede & d'Armide , je te ſuis dans tous les lieux où t'entraîne le deſtin le plus bizarre , je vois le charme de la Poëſie, comme un baume vivifiant , ranimer ton ame flétrie par la douleur ; tu braves le ſort & les ennemis en te jettant dans les bras des Muſe ; la mort s'avance & tu ne l'apperçois pas ; ton œil ne

D

se porte que vers l'immortalité. Je vois
Tompson monté sur un Vaisseau prêt à
sondre dans l'abîme ; il semble oublier le
péril, il contemple les superbes images de
cette horrible tempête, ce sombre effrayant
qui colore la Nature attristée, & la lueur
rapide des éclairs réfléchie sur les eaux ;
passionné pour son Art, il s'écrie : O ! Le
beau spectacle, ô la magnifique tempête !
Ovide est exilé loin de Rome, dans les
affreux Déserts de la Scithie. Une Nature
sauvage s'embellit de sa présence. Il con-
fie à sa Lyre les chagrins de son ame, &
par une magie puissante, ses malheurs s'ef-
facent, tandis qu'il s'occupe à les peindre.
Il épanche sa douleur dans ses vers élo-
quens ; il se plaît dans ses plaintes, le succès de son esprit trompe son cœur, & il
rend vaine la vengeance de son Tyran.

Amour des beaux Arts, que n'enflam-
mes-tu tous les cœurs? Tu serois un secours
toujours présent contre l'ennui & contre
l'infortune ; les mortels désabusés ne con-
noîtroient plus d'autre ambition que celle
de reculer les bornes de l'esprit humain ;
attendris par vos leçons, ils ne devien-
droient sensibles qu'aux charmes éternels
du beau. Est-il rien de plus délicieux que
de pouvoir jouir de la Nature, en tous les
tems, en tous les lieux ; d'ouvrir son ame
aux objets enchanteurs qui la décorent ?

Quelle source inépuisable d'agrémens que ce qui flatte notre goût intérieur, faculté distincte des autres sensations, & qui nous rend sensible à la beauté, à l'ordre, à l'harmonie ! Alors les mœurs prennent l'empreinte de ces occupations douces & utiles. Tandis que l'ennemi des beaux Arts sur le déclin de ses années, à charge à lui-même & aux autres, éprouvera un vuide affreux, n'envisageant que le spectre de l'ennui, & les ombres horribles de la mort : l'homme éclairé jouira du spectacle de sa vie passée ; il aura sçû apprécier, ce que vaut l'existence, & fort par sa pensée, il ne redoutera point l'instant inévitable qui doit terminer sa carrière : ainsi le généreux Fénélon, qui montra à l'Univers le caractère rare & sacré d'une ame remplie à la fois d'une extrême vertu & d'une extrême douceur, ne perdit point dans les Cours la simplicité de ses mœurs, & conserva dans son exil cette égalité d'ame que rien ne pût corrompre. Ainsi, Fontenelle, ce Nestor, qui illustra deux siécles, calme, tranquille, modéré jusqu'à sa derniere heure, vit fuir le songe de la vie comme un Sage du haut d'une colline élevée voit mourir les derniers rayons du Soleil,

Que ne puis-je placer ici les noms de ces Ecrivains non moins distingués par

leurs vertus que par leurs talens ? Je ferois
voir que le feu du véritable génie n'em-
brâfa prefque jamais que des ames fublimes. Je prouverois par les écrits & les
actions de ces hommes immortels combien leur cœur étoit pénétré de cette vertu douce dont ils fe font efforcés d'éten-
dre l'empire. Alors mes foibles accens
rendus plus forts par la mâle éloquence de
ce bienfaiteur de l'humanité iroient porter
la honte & le remord dans le fein de leur
perfécuteurs ; alors l'Envie étonnée de fe
trouver fenfible laifferoit tomber fes flé-
ches empoifonnées ; & fes lâches Miniftres
réduits au filence , ne jouiroient plus du
coupable plaifir de rabaiffer un mérite qui
les offufque.

Pourquoi ne puis-je diffimu ler ici le vice
de la Littérature moderne ? Je l'avouerai
elle eft fouillée par des Aute urs mercenai-
res & méprifables,dignes milices de l'ignorance & de la calomnie dont ils fuivent
les mouvemens défordonnés. Au milieu
de cette trifte & dévorante anarchie , je
ne ferai point entendre ma voix , mais je
m'adrefferai à vous qu'une émulation trop
ardente , un amour exceffif de la gloire
conduifent à déprifer de trop dignes ri-
vaux. Il appartient fans doute à la raifon
de diffiper les preftiges de l'orgueil mal-

heureusement si naturel à l'homme, & de
faire voir qu'on ne s'éleve point en abais-
sant autrui. Ma voix est foible, mais du
moins elle sera l'interpréte de l'honnêteté;
& je dirai : ô vous qui courez la carriere
de l'immortalité, oubliez - vous qu'ayant
l'honneur de parler aux hommes, ils ont
droit d'attendre de vous une vertu mâle,
severe, courageuse, qui sçache prononcer
contre vous-même lorsque l'intérêt général le demandera. Oubliez-vous qu'on ne
pardonne pas à l'envieux, & au méchant
même en faveur de son génie, & que le
souverain mépris s'allie quelquefois à l'admiration des plus rares talens. Oubliez-
vous que si la malice humaine sourit quelquefois aux traits ingénieux de la Satyre,
elle passe avec la foule interessée à le re-
cevoir, & que l'équité proscrit bientôt
cette petite vengeance en marquant du
sçeau du mépris le jaloux censeur. Eh ! Que
veulent dire cette haine, ce fiel, cette ani-
mosité qui vont bientôt vous confondre
avec le plus vil des hommes. Le Forgeron hait le Forgeron, la faim lui dicte son
inimitié ; mais vous qui pretendez à la gloire, imiterez - vous l'homme venal dont
l'ame répond à la bassesse de son état ? Que
craignez-vous ? L'estime publique est inépuisable, & la gloire tient des couronnes

toutes prêtes pour chaque espece de mérite. Doit-on être l'objet de vos éternelles
vengeance pour ofer courir la même carrière ou vous vous rencontrez ? Ne devez-
vous donc arriver au but que couvert de
lauriers arrachés avec fureur des mains
de vos concurrens, & déja flétris par la
honte ainſi que par les reproches des
Spectateurs ? Songez que vous êtes tous
égaux lorſque vous volez dans la lice.
Qui de vous en effet oſeroit ſe flatter
d'être déclaré vainqueur par la voix de la
poſtérité ? Elle jugera, & vos cris ne feront
point entendus, & tous ces téméraires cri-
tiques diſparoîtront, heureux ſi l'oubli ne
les dérobe à l'opprobre. Que ces têtes étroi-
tes, ces ames mal nées indifférentes ſur
l'intérêt général, concentrées dans leurs
petits intérêts ne voyent que ce qui les
bleſſe, vous hommes de Lettres & dignes
de ce nom, vous ne profanerez point une
plume qui ne doit être conſacrée qu'au
bien public, en la faiſant ſervir à l'orgueil
d'immoler un rival ; c'eſt à vous de donner l'exemple de ce généreux déſintéreſ-
ſement, de cette impartialité qu'on eſt
en droit d'attendre de vous, & que vous
exigeriez pour vous même.. L'éloge d'un
homme de génie, n'eſt-il pas la plus douce
récompenſe d'un autre homme de génie ?

dites c'est mon frere qu'on admire, qu'on
loue, qu'on perfécute, je dois le confoler,
le défendre , puifque les méchans le pu-
niffent d'être éclairé & vertueux; pour jouir
de l'eftime de mes conremporains , il me
faudra un jour paffer par les mêmes épreu-
ves. Oui , hommes de Lettres vous ne for-
mez qu'un corps , vos intérêts font les
mêmes , rendez-vous refpectables; l'union
feule peut concentrer vos forces. Vous
ferez invincibles en uniffant vos lumières.
Si vous vous ifolez vous ne ferez plus que
de foibles ruiffeaux , qui fe déffecheront
d'eux-mêmes , tandis que vous auriez pû
former un fleuve vafte, impofant & d'un
cours majeftueux & immortel. Eh ! La gloire elle-même vaut-elle le plaifir réel &
fenfible , de vous communiquer vos idées,
d'aggrandir mutuellement vos connoiffan-
ces , de mêler les tréfors de vos ames ,
de vivre en freres , en amis, honorés
& vertueux. Que l'amour propre eft petit & méprifable auprès de cette éleva-
tion d'ame qui fait difparoître toute riva-
lité ! Périffent donc les odieux monumens
érigés à l'Envie : que fur leurs débris s'é-
leve un autel à la paix ; venez-y ferrer les
nœuds d'une amitié utile & douce. Que
l'émulation n'excite plus parmi vous que
de ces difputes dont les Arts puiffent s'en-

richir. Si votre caufe exige quelque chaleur, que ce foit avec nobleſſe avec honnêteté; vos raiſons ne perdront rien de
leur force lorſqu'elle feront préſentées avec
modération; on y reconnoîtra mieux le
ton de la vérité. Songez enfin que la juftice, la générofité, la grandeur d'ame doivent vous animer fi vous voulez les peindre avec force, & les faire paſſer dans les
cœurs de ceux qui vous écoutent. Diſtin-
gués du reſte des mortels par vos lumières, montez votre ame au ton de votre
génie, il en fera plus grand, plus fier,
plus fublime, plus cher à la Nation, à
l'humanité, & la foule envieuſe ne faifira
plus le prétexte de vous refufer fon hommage pour exercer le trifte droit de calomnier vos mœurs, & vous méprifèrez les
fourds complots du Fanatifme, & de l'i-
gnorance, & affermis fur la colomne inébranlable de la probité jointe à l'honneur,
vous verrez vos ennemis réduits à garder un filence qui fera leur fupplice &
leur honte.

F I N.

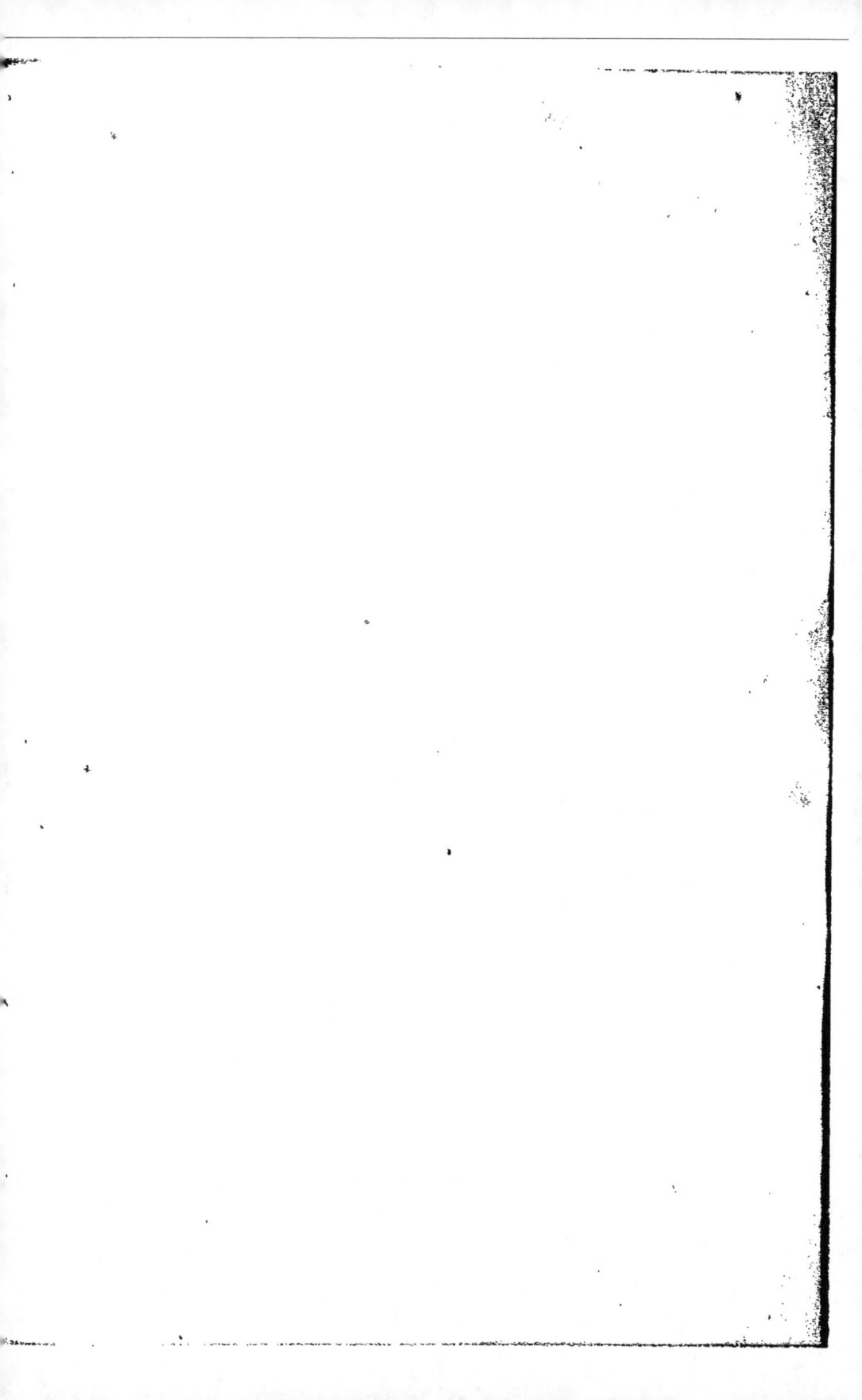

www.ingramcontent.com/pod-product-compliance
Lightning Source LLC
LaVergne TN
LVHW022145080426
835511LV00008B/1257